Fotos von Charlotte Lascève
Layout von Orathay Souksisavanh

Jean-Luc Sady Leckere Partybrote

einfach füllen & überbacken

Bassermann

INHALT

BASICS

DAS PRINZIP
Ein Rezept für alle:
Jeder nimmt sich sein Eckchen
Brot mit leckerer, saftiger Füllung.

DAS BROT
Verwenden Sie einen runden
Brotlaib. Ein luftiges helles
Misch-, Saaten oder Vollkornbrot
sollte es sein. Weniger gut eignen
sich kompakte, dunkle Brotsorten
mit hohem Roggenanteil.

DER KÄSE
Ein gut schmelzender Käse
bindet Füllung und Brot.

DIE FLÜSSIGKEIT
Flüssige Butter, Öl, Tomatensauce, Pesto usw. sind unver-
zichtbar, damit die Brotkrume
saftig wird und beim Backen
nicht austrocknet.

TIPPS & TRICKS

ALUFOLIE

Das Brot wird vor dem Backen locker in Alufolie eingeschlagen, damit es nicht austrocknet oder zu dunkel gerät und der Käse schön schmelzen kann.

ZUBEREITEN

Das Partybrot kann bis zu 12 Stunden im Voraus vorbereitet und in Alufolie eingeschlagen werden, sollte aber erst direkt vor dem Servieren gebacken werden.

SERVIEREN

Lassen Sie das Brot nach dem Backen 5 Minuten ruhen, entfernen Sie dann vorsichtig die Alufolie (Achtung, es tritt heißer Dampf aus!) und servieren Sie es auf einem großen Teller.

UNTERSEITE

Wenn alle Eckchen des Party-brotes aufgefuttert sind, bleibt nur noch die Unterseite der Kruste übrig. Sie können sie mit neuen Zutaten belegen und ein paar Minuten im Ofen überbacken (Kräuterbutter, Schinken oder Chorizo, geriebener Käse usw.).

Partybrot
KNOBLAUCH & MOZZARELLA

Für 6 Personen
Vorbereiten 15 Minuten
Backen 25 Minuten

1 runder Laib Brot (500 g)
3 Knoblauchzehen
50 g zerlassene Butter
2 EL frisch gehackte
  Petersilie
1 EL frisch gehackter
  Kerbel
400 g Mozzarella

Den Backofen auf 180 °C vorheizen. Die Knoblauchzehen abziehen und zerdrücken. Mit Butter und Kräutern in einer Schale verrühren. Den Mozzarella in feine Scheiben schneiden.

Das Brot in 2 cm großen Abständen rautenförmig tief einschneiden (der Boden sollte intakt bleiben).

Die Mozzarellascheiben in die Einschnitte stecken. Dann das Brot mit der Kräutermischung beträufeln.

Das Brot locker in Alufolie einschlagen und im vorgeheizten Ofen 15 Minuten backen. Die Alufolie öffnen und das Brot weitere 10 Minuten backen, bis der Käse schön geschmolzen ist.

Partybrot
SAVOYER ART

Für 6 Personen
Vorbereiten 20 Minuten
Backen 25 Minuten

1 runder Laib Brot (500 g)
200 g Emmentaler
200 g Bergkäse oder
   Beaufort
100 g Comté oder Cheddar
200 ml trockener Weißwein
1 EL körniger Senf
1 fein gehackte
   Knoblauchzehe

Den Backofen auf 180 °C vorheizen. Das Brot in 2 cm großen Abständen rautenförmig tief einschneiden (der Boden sollte intakt bleiben).

Alle Käsesorten in feine Scheiben schneiden. Wein, Senf und Knoblauch in einer Schale glatt rühren. Die Mischung in die Einschnitte im Brot streichen und die Käsescheiben abwechselnd dazwischenstecken.

Das Brot locker in Alufolie einschlagen und im vorgeheizten Ofen 15 Minuten backen. Die Alufolie öffnen und das Brot weitere 10 Minuten backen, bis der Käse schön geschmolzen ist.

Partybrot
DREIERLEI KÄSE

Für 6 Personen
Vorbereiten 15 Minuten
Backen 25 Minuten

1 runder Laib Brot (500 g)
150 g Mozzarella
100 g Emmentaler
2 EL Haselnüsse
100 g Roquefort
150 g rotes Pesto

Den Backofen auf 180 °C vorheizen. Den Mozzarella mit Küchenpapier trocken tupfen. Mozzarella und Emmentaler in feine Scheiben schneiden. Die Haselnüsse grob hacken.

Das Brot in 2 cm großen Abständen rautenförmig tief einschneiden (der Boden sollte intakt bleiben).

Das Tomatenpesto in die Einschnitte im Brot streichen. Dann Emmentaler und Mozzarella abwechselnd dazwischenstecken. Den Roquefort darüberkrümeln. Mit den Haselnüssen bestreuen.

Das Brot locker in Alufolie einschlagen und im vorgeheizten Ofen 15 Minuten backen. Die Alufolie öffnen und das Brot weitere 10 Minuten backen, bis der Käse schön geschmolzen ist.

Partybrot
SPECK & KÄSE

Für 6 Personen
Vorbereiten 35 Minuten
Backen 25 Minuten

1 runder Laib Brot (500 g)
2 Zwiebeln (etwa 300 g)
350 g kräftiger Weichkäse,
   z. B. Munster oder
   Reblochon
25 g Butter
100 g Speckstreifen
100 ml trockener Weißwein

Den Backofen auf 180 °C vorheizen. Die Zwiebeln abziehen und in feine Scheiben schneiden. Den Käse ebenfalls in feine Scheiben schneiden. Die Butter in einer Pfanne zerlassen und Speckstreifen und Zwiebeln darin anbraten. Mit dem Weißwein ablöschen und bei mittlerer Hitze etwa 15 Minuten unter gelegentlichem Rühren einköcheln lassen.

Das Brot in 2 cm großen Abständen rautenförmig tief einschneiden (der Boden sollte intakt bleiben).

Die Speck-Zwiebel-Mischung in die Einschnitte im Brot drücken. Dann die Käsescheiben dazwischenstecken.

Das Brot locker in Alufolie einschlagen und im vorgeheizten Ofen 15 Minuten backen. Die Alufolie öffnen und das Brot weitere 10 Minuten backen, bis der Käse schön geschmolzen ist.

Partybrot
SCHINKEN & KÄSE

Für 6 Personen
Vorbereiten 15 Minuten
Backen 25 Minuten

1 runder Laib Brot (500 g)
300 g milder Weichkäse,
    z. B. Brie oder
    Saint-Nectaire
20 g zerlassene Butter
1 EL frisch gehackter
    Koriander
1 EL frisch gehackter
    Estragon
8 Scheiben roher Schinken
120 g Drei-Pfeffer-
    Sauce (Fertigprodukt,
    z. B. von Heinz)

Den Backofen auf 180 °C vorheizen. Den Käse in feine Scheiben schneiden. Butter und Kräuter in einer Schale verrühren. Den Schinken in Streifen schneiden.

Das Brot in 2 cm großen Abständen rautenförmig tief einschneiden (der Boden sollte intakt bleiben).

Die Pfeffersauce in die Einschnitte im Brot streichen. Schinkenstreifen und Käsescheiben dazwischenstecken. Mit der Kräuterbutter beträufeln.

Das Brot locker in Alufolie einschlagen und im vorgeheizten Ofen 15 Minuten backen. Die Alufolie öffnen und das Brot weitere 10 Minuten backen, bis der Käse schön geschmolzen ist.

BROTE MIT FLEISCH

Partybrot
BÜNDNERFLEISCH & KÄSE

Für 6 Personen
Vorbereiten 20 Minuten
Backen 25 Minuten

1 Laib Brot (500 g)
40 g zerlassene Butter
2 EL frisch gehackte
   glatte Petersilie
1 EL frische
   Schnittlauchröllchen
10 Scheiben
   Bündnerfleisch
350 g milder halbfester
   Schnittkäse, z. B.
   Butterkäse oder
   den französischen
   Tomme de Savoie

Den Backofen auf 180 °C vorheizen. Butter und Kräuter in einer Schale verrühren. Den Käse entrinden und in feine Scheiben schneiden.

Das Brot in 2 cm großen Abständen rautenförmig tief einschneiden (der Boden sollte intakt bleiben).

Käsescheiben und Bündnerfleisch in die Einschnitte im Brot stecken. Mit der Kräuterbutter beträufeln.

Das Brot locker in Alufolie einschlagen und im vorgeheizten Ofen 15 Minuten backen. Die Alufolie öffnen und das Brot weitere 10 Minuten backen, bis der Käse schön geschmolzen ist.

Partybrot
CHAMPIGNON & PANCETTA

Für 6 Personen
Vorbereiten 40 Minuten
Backen 25 Minuten

1 runder Laib Brot (500 g)
2 Knoblauchzehen
3 EL frisch gehackte
   Petersilie
60 g zerlassene Butter
   plus 1 Stückchen
   für die Pfanne
300 g Champignons
2 EL Sahne
1 EL frisch geriebener
   Parmesan
Salz, Pfeffer
300 g kräftiger Weichkäse,
   z. B. Limburger, italienischer Taleggio oder
   französischer Reblochon
150 g Pancetta in
   Scheiben (italienischer
   Bauchspeck)

Den Backofen auf 180 °C vorheizen. Die Knoblauchzehen abziehen und sehr fein hacken. Mit Petersilie und Butter in einer Schale verrühren. Die Champignons putzen, mit Küchenpapier abwischen und klein würfeln. Ein Stückchen Butter in einer Pfanne zerlassen und die Pilze darin 10 Minuten dünsten. Die Pfanne vom Herd nehmen und Sahne und Parmesan unter- mischen. Salzen und pfeffern.

Den Käse in feine Scheiben schneiden. Das Brot in 2 cm großen Abständen rautenförmig tief einschneiden (der Boden sollte intakt bleiben).

Die Kräuterbutter in die Einschnitte im Brot streichen. Die Pilzmischung hineindrücken und Pancetta und Käse dazwischenstecken.

Das Brot locker in Alufolie einschlagen und im vorgeheizten Ofen 15 Minuten backen. Die Alufolie öffnen und das Brot weitere 10 Minuten backen, bis der Käse schön geschmolzen ist.

Partybrot
KNUSPERSPECK

Für 6 Personen
Vorbereiten 20 Minuten
Backen 25 Minuten

1 runder Laib Brot (500 g)
100 ml Olivenöl
½ Bund gehackte
   glatte Petersilie
1 Stückchen Butter
20 feine Scheiben
   geräucherter
   Bauchspeck
40 g Haselnüsse
350 g milder Schnittkäse,
   z. B. Gouda oder
   Steppenkäse
30 g Rosinen

Den Backofen auf 180 °C vorheizen. Öl und Petersilie in einer Schale verrühren. Die Butter in einer Pfanne zerlassen und die Speckscheiben darin bei höchster Hitze rasch von beiden Seiten anbräunen. Die Haselnüsse grob hacken. Den Käse in Scheiben schneiden.

Das Brot in 2 cm großen Abständen rautenförmig tief einschneiden (der Boden sollte intakt bleiben).

Speckscheiben, Käsescheiben, Rosinen und Haselnüsse in die Einschnitte im Brot stecken. Mit dem Petersilienöl beträufeln.

Das Brot locker in Alufolie einschlagen und im vorgeheizten Ofen 15 Minuten backen. Die Alufolie öffnen und das Brot weitere 10 Minuten backen, bis der Käse schön geschmolzen ist.

Partybrot

KONFITÜRE & SCHINKEN

Für 6 Personen
Vorbereiten 20 Minuten
Backen 25 Minuten

1 runder Laib Brot (500 g)
100 g Feigenkonfitüre
    oder Pflaumenmus
2 EL Balsamico-Creme
300 g halbfester milder
    Schnittkäse, z. B. Esrom
    oder Butterkäse
8 Scheiben Parmaschinken

Den Backofen auf 180 °C vorheizen. Die Konfitüre mit Balsamico-Creme und 80 ml Wasser in einen Topf geben und kräftig verrühren. Auf den Herd setzen und einmal aufkochen, dann erkalten lassen.

Den Käse in feine Scheiben und den Schinken in Streifen schneiden. Das Brot in 2 cm großen Abständen rautenförmig tief einschneiden (der Boden sollte intakt bleiben).

Die Konfitürenmischung in die Einschnitte im Brot streichen. Schinken und Käse dazwischenstecken.

Das Brot locker in Alufolie einschlagen und im vorgeheizten Ofen 15 Minuten backen. Die Alufolie öffnen und das Brot weitere 10 Minuten backen, bis der Käse schön geschmolzen ist.

Partybrot
SCHINKEN & GORGONZOLA

Für 6 Personen
Vorbereiten 15 Minuten
Backen 25 Minuten

1 runder Laib Brot (500 g)
20 g entsteinte
   schwarze Oliven
300 g Gorgonzola
150 g Tomatensauce
6 Scheiben Kochschinken
1 EL Kürbiskerne

Den Backofen auf 180 °C vorheizen. Die Oliven klein hacken. Den Gorgonzola in feine Scheiben schneiden. Tomatensauce und Oliven in einer Schale verrühren. Den Schinken in Streifen schneiden.

Das Brot in 2 cm großen Abständen rautenförmig tief einschneiden (der Boden sollte intakt bleiben).

Die Tomatensauce in die Einschnitte im Brot streichen. Schinken und Gorgonzola dazwischenstecken. Mit den Kürbiskernen bestreuen.

Das Brot locker in Alufolie einschlagen und im vorgeheizten Ofen 15 Minuten backen. Die Alufolie öffnen und das Brot weitere 10 Minuten backen, bis der Käse schön geschmolzen ist.

Partybrot
SCHINKEN & CHAMPIGNONS

Für 6 Personen
Vorbereiten 40 Minuten
Backen 25 Minuten

1 runder Laib Brot (500 g)
200 g Champignons
100 g Räucherschinken
350 g würziger Weichkäse,
   z. B. Munster oder
   Limburger)
20 g Butter
1 gehackte Schalotte
1 EL frische
   Schnittlauchröllchen

Den Backofen auf 180 °C vorheizen. Die Pilze putzen, mit Küchenpapier abreiben und in Stücke schneiden. Den Schinken in feine Streifen und den Käse in feine Scheiben schneiden. Die Butter in einer Pfanne zerlassen und die Schalotte darin kurz andünsten. Die Champignons zufügen und bei mittlerer Hitze etwa 10 Minuten dünsten. Die Pfanne vom Herd nehmen und Schinken und Schnittlauch untermischen.

Das Brot in 2 cm großen Abständen rautenförmig tief einschneiden (der Boden sollte intakt bleiben).

Die Pilz-Schinken-Mischung in die Einschnitte im Brot drücken. Die Käsescheiben dazwischenstecken.

Das Brot locker in Alufolie einschlagen und im vorgeheizten Ofen 15 Minuten backen. Die Alufolie öffnen und das Brot weitere 10 Minuten backen, bis der Käse schön geschmolzen ist.

Partybrot
BACON & CHEDDAR

Für 6 Personen
Vorbereiten 20 Minuten
Backen 25 Minuten

1 runder Laib Brot (500 g)
2–4 Frühlingszwiebeln
300 g reifer Cheddar
150 g Mascarpone
1 TL frische
   Schnittlauchröllchen
12–15 Scheiben Bacon

Den Backofen auf 180 °C vorheizen. Die Frühlingszwiebeln putzen und in feine Ringe schneiden. Den Cheddar in Scheiben schneiden. Mascarpone und Schnittlauch in einer Schale verrühren.

Das Brot in 2 cm großen Abständen rautenförmig tief einschneiden (der Boden sollte intakt bleiben).

Den Schnittlauchmascarpone in die Einschnitte im Brot streichen. Bacon, Käse und Frühlingszwiebeln dazwischenstecken.

Das Brot locker in Alufolie einschlagen und im vorgeheizten Ofen 15 Minuten backen. Die Alufolie öffnen und das Brot weitere 10 Minuten backen, bis der Käse schön geschmolzen ist.

Partybrot
TAPENADE & ARTISCHOCKEN

Für 6 Personen
Vorbereiten 20 Minuten
Backen 25 Minuten

1 runder Laib Brot (500 g)
4–5 Artischockenherzen
(Dose)
300 g Ziegenweichkäse
8 Scheiben luftgetrock-
neter Schinken,
z. B. Serrano- oder
Parmaschinken
120 g schwarze
Olivenpaste (Tapenade)

Die Artischockenherzen gut auf Küchenpapier abtropfen lassen, dann in feine Scheiben schneiden. Den Käse in Scheiben und den Schinken in Streifen schneiden.

Den Backofen auf 180 °C vorheizen. Das Brot in 2 cm großen Abständen rautenförmig tief einschneiden (der Boden sollte intakt bleiben).

Die Tapenade in die Einschnitte im Brot streichen und Schinken, Artischocken und Käse dazwischenstecken.

Das Brot locker in Alufolie einschlagen und im vorgeheizten Ofen 15 Minuten backen. Die Alufolie öffnen und das Brot weitere 10 Minuten backen, bis der Käse schön geschmolzen ist.

AUBERGINE & ZIEGENKÄSE

Für 6 Personen
Vorbereiten 15 Minuten
Backen 25 Minuten

1 Laib Brot (500 g)
300 g Ziegenweichkäse
15 g ungesalzene
   Pistazienkerne
15 g ganze Mandeln
150 g Auberginencreme
8 Scheiben Speck

Den Backofen auf 180 °C vorheizen. Den Käse in Scheiben schneiden. Pistazien und Mandeln grob hacken.

Das Brot in 2 cm großen Abständen rautenförmig tief einschneiden (der Boden sollte intakt bleiben).

Die Auberginencreme in die Einschnitte im Brot streichen. Speck und Ziegenkäse dazwischenstecken. Mit Pistazien und Mandeln bestreuen.

Das Brot locker in Alufolie einschlagen und im vorgeheizten Ofen 15 Minuten backen. Die Alufolie öffnen und das Brot weitere 10 Minuten backen, bis der Käse schön geschmolzen ist.

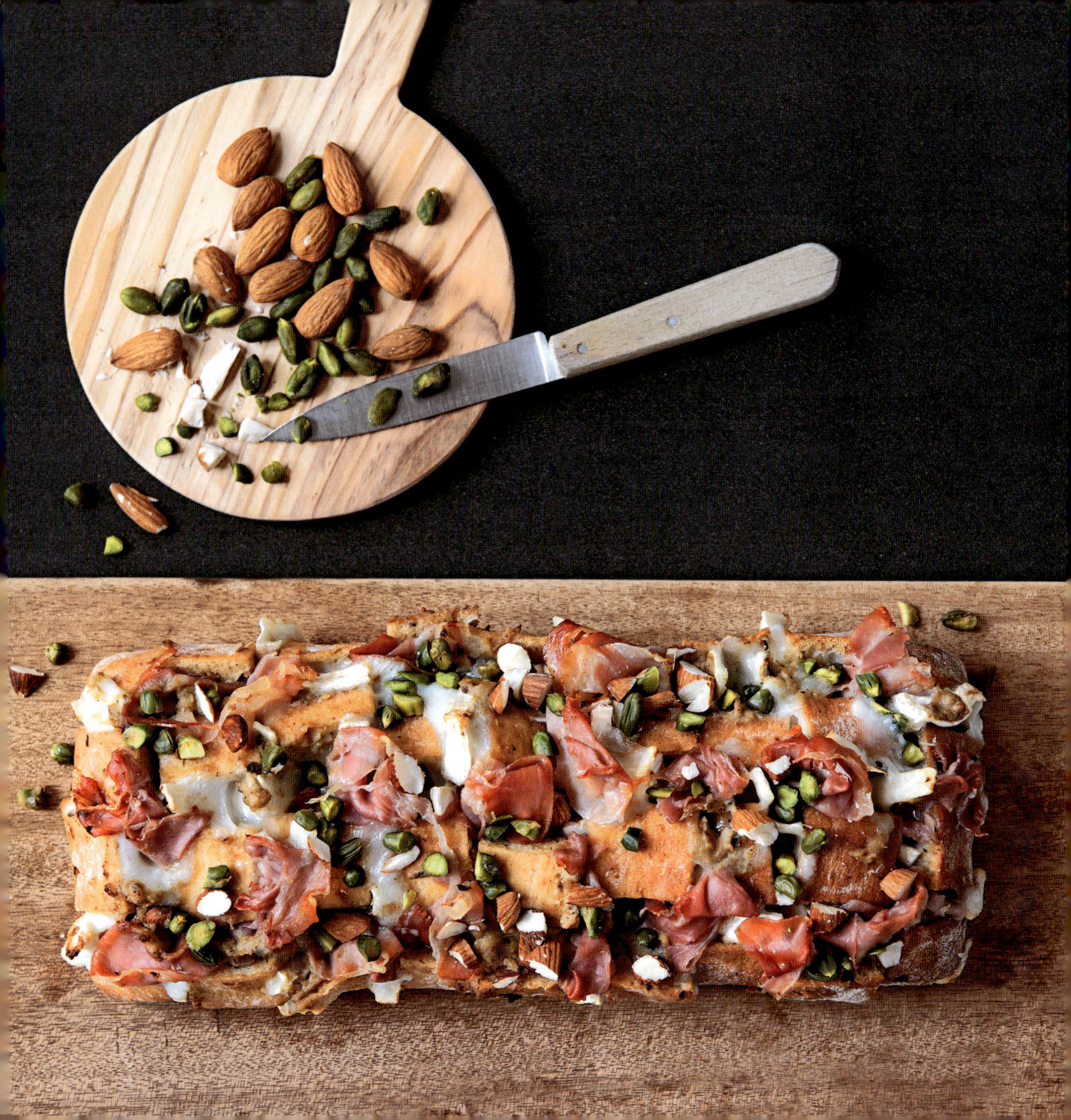

Partybrot
OLIVEN & MOZZARELLA

Für 6 Personen
Vorbereiten 30 Minuten
Backen 25 Minuten

1 runder Laib Brot (500 g)
3–4 große Champignons
1 Stückchen Butter
30 g entsteinte
   schwarze Oliven
300 g Mozzarella
6 Scheiben Kochschinken
150 g Tomatensauce
1 TL Kräuter der Provence
Salz, Pfeffer

Den Backofen auf 180 °C vorheizen. Die Champignons putzen und die Stiele herausdrehen. Die Kappen in Scheiben schneiden. Die Butter in einer Pfanne zerlassen. Die Pilze darin von allen Seiten bräunen. Salzen und pfeffern. Die Oliven halbieren. Den Mozzarella in Scheiben und den Schinken in Streifen schneiden.

Das Brot in 2 cm großen Abständen rautenförmig tief einschneiden (der Boden sollte intakt bleiben).

Die Tomatensauce in die Einschnitte im Brot streichen. Pilze, Schinken, Oliven und Mozzarella dazwischenstecken. Mit Kräutern der Provence bestreuen.

Das Brot locker in Alufolie einschlagen und im vorgeheizten Ofen 15 Minuten backen. Die Alufolie öffnen und das Brot weitere 10 Minuten backen, bis der Käse schön geschmolzen ist.

Partybrot
SPANISCHE ART

Für 6 Personen
Vorbereiten 20 Minuten
Backen 25 Minuten

1 runder Laib Brot (500 g)
2 Knoblauchzehen
1 große Tomate
1 TL frischer Thymian
300 g Manchego (pikanter
   spanischer Schafskäse)
8 dünne Scheiben
   roher Schinken
Salz, Pfeffer

Den Backofen auf 180 °C vorheizen. Die Knoblauchzehen abziehen und sehr fein hacken. Die Tomate klein würfeln und in einer Schale mit Knoblauch und Thymian mischen. Salzen und pfeffern. Den Manchego in Scheiben und den Schinken in Streifen schneiden.

Das Brot in 2 cm großen Abständen rautenförmig tief einschneiden (der Boden sollte intakt bleiben).

Die Tomatenmischung in die Einschnitte im Brot streichen. Schinken und Käse dazwischenstecken.

Das Brot locker in Alufolie einschlagen und im vorgeheizten Ofen 15 Minuten backen. Die Alufolie öffnen und das Brot weitere 10 Minuten backen, bis der Käse schön geschmolzen ist.

Partybrot
SALAMI & PAPRIKA

Für 6 Personen
Vorbereiten 20 Minuten
Backen 25 Minuten

1 runder Laib Brot (500 g)
30 g zerlassene Butter
1 Messerspitze
   Cayennepfeffer
½ grüne Paprika
½ rote Paprika
300 g Ziegenweichkäse
   in der Rolle
12 Scheiben Salami

Den Backofen auf 180 °C vorheizen. Butter und Cayennepfeffer in einer Schale verrühren. Die Paprika entkernen und in Würfel schneiden.

Den Ziegenkäse in Scheiben schneiden.

Das Brot in 2 cm großen Abständen rautenförmig tief einschneiden (der Boden sollte intakt bleiben).

Salami, Ziegenkäse und Paprikastücke in die Einschnitte im Brot stecken. Mit der Butter beträufeln.

Das Brot locker in Alufolie einschlagen und im vorgeheizten Ofen 15 Minuten backen. Die Alufolie öffnen und das Brot weitere 10 Minuten backen, bis der Käse schön geschmolzen ist.

Partybrot
CHORIZO & ZUCCHINI

Für 6 Personen
Vorbereiten 25 Minuten
Backen 30 Minuten

1 runder Laib Brot (500 g)
1 Zucchini
Olivenöl, zum Braten
½ TL Currypulver
½ TL Paprikapulver
300 g Schafshartkäse
15–20 feine Scheiben
   Chorizo (würzige
   spanische Wurst)
Salz, Pfeffer

Den Backofen auf 180 °C vorheizen. Die Zucchini in feine Scheiben schneiden. Etwas Olivenöl in einer Pfanne erhitzen und die Zucchinischeiben darin von beiden Seiten rasch anbraten. Salzen, pfeffern und mit Curry- und Paprikapulver bestäuben.

Das Brot in 2 cm großen Abständen rautenförmig tief einschneiden (der Boden sollte intakt bleiben).

Den Schafskäse in feine Scheiben schneiden. Chorizo, Zucchini und Käse in die Einschnitte im Brot stecken.

Das Brot locker in Alufolie einschlagen und im vorgeheizten Ofen 15 Minuten backen. Die Alufolie öffnen und das Brot weitere 10 Minuten backen, bis der Käse schön geschmolzen ist.

Partybrot
ERBSENPESTO & CHORIZO

Für 6 Personen
Vorbereiten 35 Minuten
Backen 25 Minuten

1 runder Laib Brot (500 g)
100 g Erbsen
3 EL Olivenöl
1 EL frisch geriebener
   Parmesan
1 Knoblauchzehe
1 EL frisch gehackter
   Kerbel
300 g Mozzarella
15–20 feine Scheiben
   Chorizo (würzige
   spanische Wurst)
40 g Cashewkerne
Salz, Pfeffer

Den Backofen auf 180 °C vorheizen. Salzwasser in einem Topf zum Kochen bringen und die Erbsen darin 8 Minuten kochen. Mit einem Schaumlöffel herausnehmen und in Eiswasser abschrecken, dann abtropfen lassen. Den Knoblauch abziehen. Die Erbsen mit Olivenöl, Parmesan und Knoblauchzehe glatt pürieren. Salzen und pfeffern. Den Kerbel untermischen. Den Mozzarella in Scheiben schneiden. Die Cashewkerne grob hacken.

Das Brot in 2 cm großen Abständen rautenförmig tief einschneiden (der Boden sollte intakt bleiben).

Das Erbsenpesto in die Einschnitte im Brot streichen. Chorizo und Mozzarella dazwischenstecken. Mit den Cashewkernen bestreuen.

Das Brot locker in Alufolie einschlagen und im vorgeheizten Ofen 15 Minuten backen. Die Alufolie öffnen und das Brot weitere 10 Minuten backen, bis der Käse schön geschmolzen ist.

Partybrot
SCHWEINEBRATEN & GRILLSAUCE

Für 6 Personen
Vorbereiten 15 Minuten
Backen 25 Minuten

1 Laib Brot (500 g)
200 g Barbecuesauce
8–10 feine Scheiben
    kalter Schweinebraten
1 EL Kapern
350 g Cheddar in Scheiben

Den Backofen auf 180 °C vorheizen. Das Brot in 2 cm großen Abständen rautenförmig tief einschneiden (der Boden sollte intakt bleiben).

Die Barbecuesauce in die Einschnitte im Brot streichen. Schweinebraten, Kapern und Käse dazwischenstecken.

Das Brot locker in Alufolie einschlagen und im vorgeheizten Ofen 15 Minuten backen. Die Alufolie öffnen und das Brot weitere 10 Minuten backen, bis der Käse schön geschmolzen ist.

Partybrot
CHILI & MAIS

Für 6 Personen
Vorbereiten 40 Minuten
Backen 25 Minuten

1 runder Laib Brot (500 g)
150 g Ahornsirup
2 EL mittelscharfer Senf
2 EL brauner Zucker
½ TL mildes Chilipulver
¼ rote Paprika
100 g würziger Hartkäse,
   z. B. Bergkäse
   oder Cheddar
200 g Edamer
6 Scheiben Kochschinken
30 g Gemüsemais

Ahornsirup, Senf und Zucker mit 200 ml Wasser in einem Topf zum Kochen bringen und dann 15 Minuten bei mittlerer Hitze auf die Hälfte einkochen lassen, bis die Mischung sirupartig ist. Den Topf vom Herd nehmen und das Chilipulver unterrühren. Erkalten lassen. Die Paprika entkernen und in feine Streifen schneiden. Beide Käsesorten in Scheiben schneiden.

Den Backofen auf 180 °C vorheizen. Das Brot in 2 cm großen Abständen rautenförmig tief einschneiden (der Boden sollte intakt bleiben).

Die Schinkenscheiben mit dem Sirup bestreichen, in breite Streifen schneiden und in die Einschnitte im Brot stecken. Paprikastreifen, Mais, Cheddar und Edamer dazwischenstecken.

Das Brot locker in Alufolie einschlagen und im vorgeheizten Ofen 15 Minuten backen. Die Alufolie öffnen und das Brot weitere 10 Minuten backen, bis der Käse schön geschmolzen ist.

Partybrot „CAESAR SALAD"

Für 6 Personen
Vorbereiten 25 Minuten
Backen 25 Minuten

1 runder Laib Brot (500 g)
25 g Sardellenfilets in Öl
20 g Parmesan
100 g Crème fraîche
1 EL Olivenöl
1 Prise Cayennepfeffer
150 g Brathähnchen
20 g Salatherzen
300 g Bergkäse oder
   Cheddar in Scheiben
Salz, Pfeffer

Den Backofen auf 180 °C vorheizen. Sardellenfilets, Parmesan, Crème fraîche, Olivenöl und Cayennepfeffer glatt pürieren. Salzen und pfeffern. Hähnchenfleisch und Salat in Streifen schneiden.

Das Brot in 2 cm großen Abständen rautenförmig tief einschneiden (der Boden sollte intakt bleiben).

Die Crème-fraîche-Mischung in die Einschnitte im Brot streichen. Hähnchenfleisch, Salat und Käse dazwischenstecken.

Das Brot locker in Alufolie einschlagen und im vorgeheizten Ofen 15 Minuten backen. Die Alufolie öffnen und das Brot weitere 10 Minuten backen, bis der Käse schön geschmolzen ist.

Partybrot
THUNFISCH & PESTO

Für 6 Personen
Vorbereiten 15 Minuten
Backen 25 Minuten

1 runder Laib Brot (500 g)
150 g Thunfisch im
   eigenen Saft
150 g Pesto
60 g sahniger Frischkäse
250 g Mozzarella
100 g Feta
etwas Basilikum

Den Backofen auf 180 °C vorheizen. Den Thunfisch abtropfen lassen und zerkleinern. Mit Pesto und Frischkäse in einer Schale verrühren. Den Mozzarella in Scheiben schneiden und den Feta würfeln.

Das Brot in 2 cm großen Abständen rautenförmig tief einschneiden (der Boden sollte intakt bleiben).

Die Thunfischmischung in die Einschnitte im Brot streichen. Mozzarella und Feta dazwischenstecken.

Das Brot locker in Alufolie einschlagen und im vorgeheizten Ofen 15 Minuten backen. Die Alufolie öffnen und das Brot weitere 10 Minuten backen, bis der Käse schön geschmolzen ist. Mit Basilikum bestreut servieren.

Partybrot NAPOLITANO

Für 6 Personen
Vorbereiten 20 Minuten
Backen 25 Minuten

1 Laib Brot (500 g)
5 Basilikumblätter
150 g Tomatensauce
10–12 Sardellenfilets in Öl
300 g Mozzarella
30 g entsteinte
   schwarze Oliven
1 EL Kapern

Den Backofen auf 180 °C vorheizen. Das Basilikum fein hacken und in einer Schale mit der Tomatensauce verrühren. Die Sardellenfilets hacken. Den Mozzarella in feine Scheiben und die Oliven in Ringe schneiden.

Das Brot in 2 cm großen Abständen rautenförmig tief einschneiden (der Boden sollte intakt bleiben).

Die Tomatensauce in die Einschnitte im Brot streichen. Mozzarella, Sardellen, Kapern und Oliven dazwischenstecken.

Das Brot locker in Alufolie einschlagen und im vorgeheizten Ofen 15 Minuten backen. Die Alufolie öffnen und das Brot weitere 10 Minuten backen, bis der Käse schön geschmolzen ist.

Partybrot
TINTENFISCH & PETERSILIE

Für 6 Personen
Vorbereiten 30 Minuten
Backen 25 Minuten

1 runder Laib Brot (500 g)
1 Knoblauchzehe
3 EL fein gehackte
   Petersilie
7 EL Olivenöl
300 g Mozzarella
200 g Calamari
1 kleine Schalotte
50 g roher Schinken
Salz, Pfeffer

Die Knoblauchzehe abziehen und fein hacken. Mit Petersilie und 5 Esslöffeln Olivenöl in einer Schale verrühren. Salzen und pfeffern. Den Mozzarella mit Küchenpapier trocken tupfen und in Scheiben schneiden. Den Tintenfisch in feine Ringe schneiden und mit Küchenpapier trocken tupfen. Die Schalotte abziehen und fein hacken. Den Schinken in Streifen schneiden. Das restliche Olivenöl in einer Pfanne erhitzen und die Tintenfischringe darin 3 Minuten anbraten. Die Pfanne vom Herd nehmen und Schalotten und Schinkenstreifen untermischen.

Den Backofen auf 180 °C vorheizen. Das Brot in 2 cm großen Abständen rautenförmig tief einschneiden (der Boden sollte intakt bleiben).

Das Petersilienöl in die Einschnitte im Brot streichen und die Tintenfischmischung hineindrücken.

Das Brot locker in Alufolie einschlagen und im vorgeheizten Ofen 15 Minuten backen. Die Alufolie öffnen und das Brot weitere 10 Minuten backen, bis der Käse schön geschmolzen ist.

Partybrot
TOMATE & MOZZARELLA

Für 6 Personen
Vorbereiten 15 Minuten
Backen 25 Minuten

1 Laib Brot (500 g)
2–3 Tomaten
300 g Mozzarella
10–12 Basilikumblätter
4 EL Olivenöl
1 TL Kräuter der Provence

Den Backofen auf 180 °C vorheizen. Mozzarella und Tomaten in feine Scheiben schneiden.

Das Brot in 2 cm großen Abständen rautenförmig tief einschneiden (der Boden sollte intakt bleiben).

Mozzarella, Tomaten und Basilikum in die Einschnitte im Brot stecken. Mit Olivenöl beträufeln und mit Kräutern der Provence bestreuen.

Das Brot locker in Alufolie einschlagen und im vorgeheizten Ofen 15 Minuten backen. Die Alufolie öffnen und das Brot weitere 10 Minuten backen, bis der Käse schön geschmolzen ist.

Partybrot
ZIEGENKÄSE & TOMATEN

Für 6 Personen
Vorbereiten 15 Minuten
Backen 25 Minuten

1 runder Laib Brot (500 g)
300 g Ziegenweichkäse
   in der Rolle
140 g getrocknete
   Tomaten in Öl
150 g Artischockencreme
   aus dem Glas
   (Feinkostregal im
   Supermarkt)
1 EL Fenchelsamen

Den Backofen auf 180 °C vorheizen. Das Brot in 2 cm großen Abständen rautenförmig tief einschneiden (der Boden sollte intakt bleiben).

Den Ziegenkäse in feine Scheiben schneiden. Die Tomaten abtropfen lassen (dabei das Öl auffangen) und in feine Streifen schneiden. Die Artischockencreme in die Einschnitte im Brot streichen. Ziegenkäse und Tomaten dazwischenstecken. Mit etwas Öl von den Tomaten beträufeln und mit den Fenchelsamen bestreuen.

Das Brot locker in Alufolie einschlagen und im vorgeheizten Ofen 15 Minuten backen. Die Alufolie öffnen und das Brot weitere 10 Minuten backen, bis der Käse schön geschmolzen ist.

Partybrot
TOMATE-PINIENKERNE-RUCOLA

Für 6 Personen
Vorbereiten 20 Minuten
Backen 25 Minuten

1 Laib Brot (500 g)
4 EL Olivenöl
1 EL frische
  Schnittlauchröllchen
40 g entsteinte
  schwarze Oliven
100 g Mascarpone
300 g leicht pikanter
  Hartkäse, z. B. Emmen-
  taler oder Bergkäse
2 Tomaten
20 g Rucola
2 EL Pinienkerne
Salz, Pfeffer

Den Backofen auf 180 °C vorheizen. Olivenöl und Schnittlauch in einer Schale verrühren. Die Oliven grob hacken und in einer zweiten Schale mit dem Mascarpone verrühren. Salzen und pfeffern. Käse und Tomaten in feine Scheiben schneiden.

Das Brot in 2 cm großen Abständen rautenförmig tief einschneiden (der Boden sollte intakt bleiben).

Die Mascarponemischung in die Einschnitte im Brot streichen. Käse, Tomaten, Rucola und Pinienkerne dazwischenstecken. Mit dem Schnittlauchöl beträufeln.

Das Brot locker in Alufolie einschlagen und im vorgeheizten Ofen 15 Minuten backen. Die Alufolie öffnen und das Brot weitere 10 Minuten backen, bis der Käse schön geschmolzen ist.

Partybrot
BANANE & SCHOKO

Für 6 Personen
Vorbereiten 20 Minuten
Backen 25 Minuten

1 runder Laib Brot (500 g)
150 g Sahne
30 g Vanillezucker
1 Ei
fein abgeriebene Schale
    von ½ Orange
2–3 Bananen
130 g geraspelte
    Zartbitterschokolade
3 EL Orangenmarmelade

Den Backofen auf 180 °C vorheizen. Die Sahne mit Vanillezucker, Ei und Orangenabrieb sorgfältig verquirlen. Die Bananen schälen und in Scheiben schneiden.

Das Brot in 2 cm großen Abständen rautenförmig tief einschneiden (der Boden sollte intakt bleiben).

Die Sahnemischung nach und nach in die Einschnitte im Brot gießen, dabei immer wieder warten, bis sie aufgesogen ist. Die Bananen dazwischenstecken und die Schokolade hineinstreuen. Die Marmelade bei niedriger Hitze in einem Topf glatt rühren und auf die Bananen geben.

Das Brot locker in Alufolie einschlagen und im vorgeheizten Ofen 15 Minuten backen. Die Alufolie öffnen und das Brot weitere 10 Minuten backen.

Partybrot
APFEL & KARAMELL

Für 6 Personen
Vorbereiten 25 Minuten
Backen 25 Minuten

1 runder Laib Brot (500 g)
150 g Sahne
30 g Zucker
1 Ei
1 großer Apfel
4 EL Karamellcreme
   aus dem Glas
Salz

Den Backofen auf 180 °C vorheizen. Die Sahne mit Zucker und Ei sorgfältig verquirlen. Den Apfel schälen, entkernen und in feine Spalten schneiden.

Das Brot in 2 cm großen Abständen rautenförmig tief einschneiden (der Boden sollte intakt bleiben).

Die Sahnemischung nach und nach in die Einschnitte im Brot gießen, dabei immer wieder warten, bis sie aufgesogen ist. Die Apfelscheiben in die Einschnitte im Brot stecken. Die Karamellcreme mit einer Prise Salz in einem Topf bei sehr niedriger Hitze glatt rühren und über die Äpfel gießen.

Das Brot locker in Alufolie einschlagen und im vorgeheizten Ofen 15 Minuten backen. Die Alufolie öffnen und das Brot weitere 10 Minuten backen.

Partybrot
ANANAS & KOKOSMILCH

Für 6 Personen
Vorbereiten 20 Minuten
Backen 25 Minuten

1 runder Laib Brot (500 g)
1 kleine Ananas
1 Vanilleschote
150 ml Kokosmilch
1 Ei
30 g Zucker
1 EL Rum
2 EL brauner Zucker

Die Ananas schälen, vierteln, den Strunk entfernen und das Fruchtfleisch in dünne Scheiben schneiden. Die Vanilleschote aufschlitzen, das Mark herauskratzen und mit Kokosmilch, Ei, Zucker und Rum sorgfältig verquirlen.

Den Backofen auf 180 °C vorheizen. Das Brot in 2 cm großen Abständen rautenförmig tief einschneiden (der Boden sollte intakt bleiben).

Die Kokosmilchmischung nach und nach in die Einschnitte im Brot gießen, dabei immer wieder warten, bis sie aufgesogen ist. Die Ananasscheiben in die Einschnitte hineinstecken und mit dem braunen Zucker bestreuen.

Das Brot locker in Alufolie einschlagen und im vorgeheizten Ofen 15 Minuten backen. Die Alufolie öffnen und das Brot weitere 10 Minuten backen.

Partybrot
BIRNE & BLAUBEEREN

Für 6 Personen
Vorbereiten 20 Minuten
Backen 25 Minuten

1 runder Laib Brot (500 g)
120 g Blaubeeren
130 g Schwarze-
    Johannisbeer-Konfitüre
    (oder Gelee)
1 Messerspitze
    Lebkuchengewürz
2 Birnen
1 EL Mohnsaat

Den Backofen auf 180 °C vorheizen. Die Blaubeeren mit Konfitüre und Lebkuchengewürz glatt mixen. Die Birnen schälen, entkernen und in feine Spalten schneiden.

Das Brot in 2 cm großen Abständen rautenförmig tief einschneiden (der Boden sollte intakt bleiben).

Die Blaubeermischung in die Einschnitte im Brot streichen. Die Birnenspalten dazwischenstecken und mit dem Mohn bestreuen.

Das Brot locker in Alufolie einschlagen und im vorgeheizten Ofen 15 Minuten backen. Die Alufolie öffnen und das Brot weitere 10 Minuten backen.

Partybrot
MANGO & ZITRONE

Für 6 Personen
Vorbereiten 30 Minuten
Backen 25 Minuten

1 runder Laib Brot (500 g)
1 Bio-Zitrone
50 g Zucker
1 Ei
1 TL Speisestärke
25 g in Würfel geschnittene Butter
1 Mango
1 EL Sesamsaat

Von der Zitrone die Schale fein abreiben und den Saft auspressen. Zitronenabrieb und -saft kräftig mit Zucker, Ei und Speisestärke verrühren. In einen Topf füllen. Die Butter zufügen und unter Rühren sanft zum Kochen bringen. Dann erkalten lassen.

Die Mango schälen. Das Fruchtfleisch vom Stein lösen und in feine Scheiben schneiden. Den Backofen auf 180 °C vorheizen.

Die Zitronencreme in die Einschnitte im Brot streichen. Die Mangoscheiben dazwischenstecken und mit dem Sesam bestreuen.

Das Brot locker in Alufolie einschlagen und im vorgeheizten Ofen 15 Minuten backen. Die Alufolie öffnen und das Brot weitere 10 Minuten backen.

ISBN 978-3-8094-3674-4

1. Auflage

Umschlaggestaltung: Atelier Versen, Bad Aibling
Fotos: Charlotte Lascève
Foodstyling: Orathay Souksisavanh
Herstellung: Elke Cramer
Bildredaktion: Sabine Kestler
Projektleitung: Anja Halveland

Realisation der deutschen Ausgabe: trans texas publishing services GmbH, Köln
Übersetzung: Lisa Heilig, Köln

Druck und Bindung: Mohn Media Mohndruck GmbH, Gütersloh

Printed in Germany

Verlagsgruppe Random House FSC® N001967